This Special Day Is For

_____

Date

_____

Birthday 💛 Guests

Name

_____
_____

Special Message

_____
_____
_____
_____
_____

Name

_____
_____

Special Message

_____
_____
_____
_____
_____

Birthday 💗 Guests

Name

_____

_____

Special Message

_____

_____

_____

_____

_____

Name

_____

_____

Special Message

_____

_____

_____

_____

_____

Birthday Guests

Name

Name

_____

_____

Special Message

Special Message

_____

_____

_____

_____

_____

_____

_____

_____

_____

_____

Birthday Guests

Name

_____

_____

Special Message

_____

_____

_____

_____

Name

_____

_____

Special Message

_____

_____

_____

_____

Birthday ♥ Guests

Name

Name

_____

_____

_____

_____

Special Message

Special Message

_____

_____

_____

_____

_____

_____

_____

_____

_____

_____

Birthday 💗 Guests

Name

Name

_____

_____

Special Message 🌷 Special Message

_____

_____

_____

_____

_____

_____

Birthday ❤ Guests

Name

Name

_____

_____

Special Message

Special Message

_____

_____

_____

_____

_____

_____

_____

_____

_____

_____

Birthday ♥ Guests

Name

_____

_____

Special Message

_____

_____

_____

_____

Name

_____

_____

Special Message

_____

_____

_____

_____

Birthday 💗 Guests

Name

_____

_____

Special Message

_____

_____

_____

_____

_____

Name

_____

_____

Special Message

_____

_____

_____

_____

_____

Birthday ♥ Guests

Name

_____

_____

Special Message

_____

_____

_____

_____

_____

Name

_____

_____

Special Message

_____

_____

_____

_____

_____

Birthday ♥ *Guests*

Name

_____

_____

Special Message

_____

_____

_____

_____

_____

Name

_____

_____

Special Message

_____

_____

_____

_____

_____

Birthday Guests

Name

Name

Special Message

Special Message

Birthday ♥ Guests

Name

Name

_____

_____

_____

_____

Special Message

Special Message

_____

_____

_____

_____

_____

_____

_____

_____

Birthday 💗 Guests

Name

Name

_____

_____

Special Message

Special Message

_____

_____

_____

_____

_____

_____

_____

_____

Birthday ❤ Guests

Name   Name

_____   _____

_____   _____

Special Message   Special Message

_____   _____

_____   _____

_____   _____

_____   _____

_____   _____

Birthday ♥ Guests

Name

_____

_____

Special Message

_____

_____

_____

_____

_____

Name

_____

_____

Special Message

_____

_____

_____

_____

_____

Birthday Guests

Name

Name

Special Message

Special Message

Birthday ♥ Guests

Name

_____

_____

Special Message

_____

_____

_____

_____

_____

Name

_____

_____

Special Message

_____

_____

_____

_____

_____

Birthday 💜 Guests

Name

_____

_____

Special Message

_____

_____

_____

_____

_____

_____

Name

_____

_____

Special Message

_____

_____

_____

_____

_____

_____

Birthday Guests

Name

Name

_____

_____

Special Message

Special Message

_____

_____

_____

_____

_____

_____

_____

_____

Birthday Guests

Name

_____

_____

Special Message

_____

_____

_____

_____

Name

_____

_____

Special Message

_____

_____

_____

_____

Birthday ♥ Guests

Name

_____

_____

Special Message

_____

_____

_____

_____

_____

Name

_____

_____

Special Message

_____

_____

_____

_____

_____

Birthday Guests

Name

_____

_____

Special Message

_____

_____

_____

_____

_____

Name

_____

_____

Special Message

_____

_____

_____

_____

_____

Birthday 💗 Guests

Name

_____

_____

Special Message

_____

_____

_____

_____

_____

Name

_____

_____

Special Message

_____

_____

_____

_____

_____

Birthday ♥ Guests

Name

Name

_____

_____

_____

_____

Special Message

Special Message

_____

_____

_____

_____

_____

_____

_____

_____

_____

_____

Birthday ♥ Guests

Name

_____

_____

Special Message

_____

_____

_____

_____

_____

Name

_____

_____

Special Message

_____

_____

_____

_____

_____

Birthday Guests

Name

_____

_____

Special Message

_____

_____

_____

_____

Name

_____

_____

Special Message

_____

_____

_____

_____

Birthday ❤ Guests

Name   Name

_____   _____

_____   _____

Special Message   *Special Message*

_____   _____

_____   _____

_____   _____

_____   _____

_____   _____

Birthday ♥ Guests

Name

_____

_____

Special Message

_____

_____

_____

_____

_____

Name

_____

_____

Special Message

_____

_____

_____

_____

_____

Birthday Guests

Name

Name

_____

_____

Special Message

Special Message

_____

_____

_____

_____

_____

_____

_____

Birthday ❤ Guests

Name

_____

_____

Special Message

_____

_____

_____

_____

_____

Name

_____

_____

Special Message

_____

_____

_____

_____

_____

Birthday 💗 Guests

Name

Name

_____

_____

Special Message 💠 Special Message

_____

_____

_____

_____

_____

_____

_____

_____

Birthday ♥ Guests

Name

_____

_____

Special Message

_____

_____

_____

_____

_____

Name

_____

_____

Special Message

_____

_____

_____

_____

_____

Birthday Guests

Name

Name

_____

_____

Special Message

Special Message

_____

_____

_____

_____

_____

_____

Birthday ♥ Guests

Name

_____

_____

Special Message

_____

_____

_____

_____

_____

Name

_____

_____

Special Message

_____

_____

_____

_____

_____

Birthday ♥ Guests

Name

_____

_____

Special Message

_____

_____

_____

_____

_____

Name

_____

_____

Special Message

_____

_____

_____

_____

_____

Birthday ♥ Guests

Name

_____

_____

Special Message

_____

_____

_____

_____

Name

_____

_____

Special Message

_____

_____

_____

_____

Birthday ♥ Guests

Name

Name

Special Message

Special Message

Birthday 💗 Guests

Name

_____

_____

Special Message

_____

_____

_____

_____

_____

Name

_____

_____

Special Message

_____

_____

_____

_____

_____

Birthday ♥ Guests

Name

_____

_____

Special Message

_____

_____

_____

_____

_____

Name

_____

_____

Special Message

_____

_____

_____

_____

_____

Birthday ♥ Guests

Name

Name

_____

_____

Special Message

Special Message

_____

_____

_____

_____

_____

_____

_____

_____

Birthday ♥ Guests

Name

_____

_____

Special Message

_____

_____

_____

_____

_____

Name

_____

_____

Special Message

_____

_____

_____

_____

_____

Birthday ♥ Guests

Name

_____

_____

Special Message

_____

_____

_____

_____

_____

Name

_____

_____

Special Message

_____

_____

_____

_____

_____

Birthday  *Guests*

Name

_____

_____

Special Message

_____

_____

_____

_____

_____

Name

_____

_____

Special Message

_____

_____

_____

_____

_____

Birthday ♥ Guests

Name

_____

_____

Special Message

_____

_____

_____

_____

_____

Name

_____

_____

Special Message

_____

_____

_____

_____

_____

Birthday ♥ Guests

Name

_____

_____

Special Message

_____

_____

_____

_____

_____

Name

_____

_____

Special Message

_____

_____

_____

_____

_____

Birthday Guests

Name

_____

_____

Special Message

_____

_____

_____

_____

_____

Name

_____

_____

Special Message

_____

_____

_____

_____

_____

Birthday ♥ Guests

Name

Name

_____

_____

_____

_____

Special Message

Special Message

_____

_____

_____

_____

_____

_____

_____

_____

_____

_____

Birthday ♥ Guests

Name

Name

_____

_____

_____

_____

Special Message

Special Message

_____

_____

_____

_____

_____

_____

_____

_____

Birthday 🤍 Guests

Name

_____

_____

Special Message

_____

_____

_____

_____

_____

Name

_____

_____

Special Message

_____

_____

_____

_____

_____

Birthday ♥ Guests

Name

_____

_____

Special Message

_____

_____

_____

_____

_____

Name

_____

_____

Special Message

_____

_____

_____

_____

_____

Birthday ♥ Guests

Name

_____

_____

Special Message

_____

_____

_____

_____

_____

Name

_____

_____

Special Message

_____

_____

_____

_____

_____

Birthday ♥ Guests

Name

Name

_____

_____

Special Message

Special Message

_____

_____

_____

_____

_____

_____

_____

_____

Birthday ♥ Guests

Name

Name

Special Message

Special Message

Birthday ♥ Guests

Name

_____

_____

Special Message

_____

_____

_____

_____

_____

Name

_____

_____

Special Message

_____

_____

_____

_____

_____

Birthday ♥ Guests

Name   Name

_____   _____

_____   _____

Special Message   Special Message

_____   _____

_____   _____

_____   _____

_____   _____

_____   _____

Birthday ♥ Guests

Name

_____
_____

Special Message

_____
_____
_____
_____

Name

_____
_____

Special Message

_____
_____
_____
_____

Birthday ♥ Guests

Name

Name

_____

_____

Special Message

Special Message

_____

_____

_____

_____

_____

_____

_____

_____

Birthday 💗 Guests

Name

_____

_____

Special Message

_____

_____

_____

_____

_____

Name

_____

_____

Special Message

_____

_____

_____

_____

_____

Birthday 💗 Guests

Name

Name

_____

_____

_____

_____

Special Message

Special Message

_____

_____

_____

_____

_____

_____

_____

_____

_____

_____

Birthday ❤ Guests

Name

_____

_____

Special Message

_____

_____

_____

_____

_____

Name

_____

_____

Special Message

_____

_____

_____

_____

_____

Birthday ♥ Guests

Name

Name

_____

_____

Special Message

Special Message

_____

_____

_____

_____

Birthday ♥ Guests

Name

Name

_____

_____

_____

_____

Special Message

Special Message

_____

_____

_____

_____

_____

_____

_____

_____

Birthday 💗 Guests

Name

_____

_____

Special Message

_____

_____

_____

_____

_____

Name

_____

_____

Special Message

_____

_____

_____

_____

_____

Birthday Guests

Name

_____

_____

Special Message

_____

_____

_____

_____

_____

Name

_____

_____

Special Message

_____

_____

_____

_____

_____

Birthday ♥ Guests

Name

_____

_____

Special Message

_____

_____

_____

_____

_____

_____

Name

_____

_____

Special Message

_____

_____

_____

_____

_____

_____

Birthday ♥ Guests

Name

_____

_____

Special Message

_____

_____

_____

_____

Name

_____

_____

Special Message

_____

_____

_____

_____

Birthday ♥ Guests

Name

Name

_____

_____

Special Message

Special Message

_____

_____

_____

_____

_____

Birthday ♥ Guests

Name   Name

_____   _____
_____   _____

Special Message   Special Message

_____   _____
_____   _____
_____   _____
_____   _____
_____   _____
_____   _____

Birthday ♥ Guests

Name

Name

_____

_____

Special Message

Special Message

_____

_____

_____

_____

_____

_____

_____

_____

_____

_____

Birthday ♥ Guests

Name

_____

_____

Special Message

_____

_____

_____

_____

Name

_____

_____

Special Message

_____

_____

_____

_____

Birthday ♥ Guests

Name

_____

_____

Special Message

_____

_____

_____

_____

_____

Name

_____

_____

Special Message

_____

_____

_____

_____

_____

Birthday ♥ Guests

Name

_____

_____

Special Message

_____

_____

_____

_____

_____

Name

_____

_____

Special Message

_____

_____

_____

_____

_____

Birthday Guests

Name

_____

_____

Special Message

_____

_____

_____

_____

_____

Name

_____

_____

Special Message

_____

_____

_____

_____

_____

Birthday ♥ Guests

Name

Name

_____

_____

_____

_____

Special Message ❧ Special Message

_____

_____

_____

_____

_____

_____

_____

_____

_____

_____

Birthday ♥ Guests

Name

Name

_____

_____

_____

_____

Special Message

Special Message

_____

_____

_____

_____

_____

_____

_____

_____

_____

_____

Birthday ♥ Guests

Name

_____

_____

Special Message

_____

_____

_____

_____

_____

Name

_____

_____

Special Message

_____

_____

_____

_____

_____

Birthday ♥ Guests

Name

Name

Special Message

Special Message

Birthday ♥ Guests

Name

Name

_____

_____

_____

_____

Special Message

Special Message

_____

_____

_____

_____

_____

_____

_____

_____

_____

_____

Birthday 💛 *Guests*

Name

_____

_____

Special Message

_____

_____

_____

_____

_____

Name

_____

_____

Special Message

_____

_____

_____

_____

_____

Birthday ❤ Guests

Name

_____

_____

Special Message

_____

_____

_____

_____

_____

_____

Name

_____

_____

Special Message

_____

_____

_____

_____

_____

_____

Gift ❦ Log

Name	Gift	Sent Thank You
_____	_____	◎
_____	_____	◎
_____	_____	◎
_____	_____	◎
_____	_____	◎
_____	_____	◎
_____	_____	◎
_____	_____	◎
_____	_____	◎
_____	_____	◎
_____	_____	◎
_____	_____	◎
_____	_____	◎
_____	_____	◎
_____	_____	◎

Gift ❦ Log

Name	Gift	Sent Thank You
_____	_____	◯
_____	_____	◯
_____	_____	◯
_____	_____	◯
_____	_____	◯
_____	_____	◯
_____	_____	◯
_____	_____	◯
_____	_____	◯
_____	_____	◯
_____	_____	◯
_____	_____	◯
_____	_____	◯
_____	_____	◯

Gift ❦ Log

Name	Gift	Sent Thank You
_____	_____	◎
_____	_____	◎
_____	_____	◎
_____	_____	◎
_____	_____	◎
_____	_____	◎
_____	_____	◎
_____	_____	◎
_____	_____	◎
_____	_____	◎
_____	_____	◎
_____	_____	◎
_____	_____	◎
_____	_____	◎
_____	_____	◎
_____	_____	◎

Gift ❦ Log

Name	Gift	Sent Thank You
		◯
		◯
		◯
		◯
		◯
		◯
		◯
		◯
		◯
		◯
		◯
		◯
		◯
		◯
		◯
		◯

Gift ♡ Log

Name	Gift	Sent Thank You
_____	_____	◎
_____	_____	◎
_____	_____	◎
_____	_____	◎
_____	_____	◎
_____	_____	◎
_____	_____	◎
_____	_____	◎
_____	_____	◎
_____	_____	◎
_____	_____	◎
_____	_____	◎
_____	_____	◎
_____	_____	◎
_____	_____	◎
_____	_____	◎

Gift ❧ Log

Name	Gift	Sent Thank You

Name

Gift

Sent
Thank You

_____ _____ ◯
_____ _____ ◯
_____ _____ ◯
_____ _____ ◯
_____ _____ ◯
_____ _____ ◯
_____ _____ ◯
_____ _____ ◯
_____ _____ ◯
_____ _____ ◯
_____ _____ ◯
_____ _____ ◯
_____ _____ ◯
_____ _____ ◯
_____ _____ ◯

Gift ♥ Log

Name	Gift	Sent Thank You
_____	_____	◯
_____	_____	◯
_____	_____	◯
_____	_____	◯
_____	_____	◯
_____	_____	◯
_____	_____	◯
_____	_____	◯
_____	_____	◯
_____	_____	◯
_____	_____	◯
_____	_____	◯
_____	_____	◯
_____	_____	◯
_____	_____	◯
_____	_____	◯

Gift ❧ Log

Name	Gift	Sent Thank You
_____	_____	○
_____	_____	○
_____	_____	○
_____	_____	○
_____	_____	○
_____	_____	○
_____	_____	○
_____	_____	○
_____	_____	○
_____	_____	○
_____	_____	○
_____	_____	○
_____	_____	○
_____	_____	○
_____	_____	○

Gift ♥ *Log*

Name	Gift	Sent Thank You

_____ _____ ◯
_____ _____ ◯
_____ _____ ◯
_____ _____ ◯
_____ _____ ◯
_____ _____ ◯
_____ _____ ◯
_____ _____ ◯
_____ _____ ◯
_____ _____ ◯
_____ _____ ◯
_____ _____ ◯
_____ _____ ◯
_____ _____ ◯
_____ _____ ◯
_____ _____ ◯

Gift ❧ Log

Name	Gift	Sent Thank You
_____	_____	○
_____	_____	○
_____	_____	○
_____	_____	○
_____	_____	○
_____	_____	○
_____	_____	○
_____	_____	○
_____	_____	○
_____	_____	○
_____	_____	○
_____	_____	○
_____	_____	○
_____	_____	○
_____	_____	○
_____	_____	○
_____	_____	○

Gift ❦ Log

Name	Gift	Sent Thank You
_____	_____	○
_____	_____	○
_____	_____	○
_____	_____	○
_____	_____	○
_____	_____	○
_____	_____	○
_____	_____	○
_____	_____	○
_____	_____	○
_____	_____	○
_____	_____	○
_____	_____	○
_____	_____	○
_____	_____	○
_____	_____	○

Gift ❦ Log

Name	Gift	Sent Thank You
_____	_____	◯
_____	_____	◯
_____	_____	◯
_____	_____	◯
_____	_____	◯
_____	_____	◯
_____	_____	◯
_____	_____	◯
_____	_____	◯
_____	_____	◯
_____	_____	◯
_____	_____	◯
_____	_____	◯
_____	_____	◯
_____	_____	◯

Gift ♥ Log

Name   **Gift**   Sent
                                                                                      Thank You

_____   _____   ◯

_____   _____   ◯

_____   _____   ◯

_____   _____   ◯

_____   _____   ◯

_____   _____   ◯

_____   _____   ◯

_____   _____   ◯

_____   _____   ◯

_____   _____   ◯

_____   _____   ◯

_____   _____   ◯

_____   _____   ◯

_____   _____   ◯

_____   _____   ◯

Gift ♥ Log

Name	Gift	Sent Thank You
		◯
		◯
		◯
		◯
		◯
		◯
		◯
		◯
		◯
		◯
		◯
		◯
		◯
		◯
		◯
		◯

Gift ❦ Log

Name	Gift	Sent Thank You
		○
		○
		○
		○
		○
		○
		○
		○
		○
		○
		○
		○
		○
		○
		○

Gift ♥ Log

Name	Gift	Sent Thank You
		○
		○
		○
		○
		○
		○
		○
		○
		○
		○
		○
		○
		○
		○
		○
		○

Gift ♡ Log

Name | **Gift** | **Sent Thank You**

Name	Gift	Sent Thank You
		◯
		◯
		◯
		◯
		◯
		◯
		◯
		◯
		◯
		◯
		◯
		◯
		◯
		◯
		◯

Gift ❦ Log

Name	Gift	Sent Thank You
_____	_____	◯
_____	_____	◯
_____	_____	◯
_____	_____	◯
_____	_____	◯
_____	_____	◯
_____	_____	◯
_____	_____	◯
_____	_____	◯
_____	_____	◯
_____	_____	◯
_____	_____	◯
_____	_____	◯
_____	_____	◯
_____	_____	◯
_____	_____	◯

Gift ❧ Log

Name	Gift	Sent Thank You
_____	_____	◯
_____	_____	◯
_____	_____	◯
_____	_____	◯
_____	_____	◯
_____	_____	◯
_____	_____	◯
_____	_____	◯
_____	_____	◯
_____	_____	◯
_____	_____	◯
_____	_____	◯
_____	_____	◯
_____	_____	◯
_____	_____	◯
_____	_____	◯

Gift ♥ Log

Name	Gift	Sent Thank You
_____	_____	◯
_____	_____	◯
_____	_____	◯
_____	_____	◯
_____	_____	◯
_____	_____	◯
_____	_____	◯
_____	_____	◯
_____	_____	◯
_____	_____	◯
_____	_____	◯
_____	_____	◯
_____	_____	◯
_____	_____	◯
_____	_____	◯
_____	_____	◯

Made in United States
North Haven, CT
19 October 2022

25658530R00057